GUADELOUPE ET DÉPENDANCES.

OCTROI DE MER.

PROJET DE TARIF

AYANT POUR OBJET

LA CONVERSION DES DROITS AD VALOREM

EN DROITS SPÉCIFIQUES.

BASSE-TERRE

IMPRIMERIE DU GOUVERNEMENT

1882

OCTROI DE MER

ENVOI D'UN PROJET DE TARIF.

Basse-Terre, le 17 novembre 1881.

Monsieur le Directeur de l'intérieur,

D'après une proposition faite dans la séance du conseil gé=
néral du 10 janvier dernier, vous m'avez invité à vous soumettre
un projet de tarif d'octroi de mer, ayant pour objet la conver-
sion des droits *ad valorem* en droits spécifiques.

J'ai l'honneur de vous remettre ci-joint ce travail, dont la
préparation a exigé un temps assez long, ayant eu à me pourvoir
des éléments nécessaires.

Le projet se divise ainsi :

1º Désignation des marchandises ;
2º Taux moyens d'évaluation ;
3º Tarif actuel (*Droits et unités sur lesquelles portent les droits*) ;
4º Tarif proposé (*Droits et unités sur lesquelles portent les droits*).

Pour la désignation des marchandises, j'ai cru devoir adopter,
autant que possible, les termes toujours clairs et précis du tarif
général des douanes.

L'établissement des taux moyens d'évaluation, afin d'arriver
à déterminer les droits spécifiques, n'était pas sans offrir des
difficultés, les mercuriales n'indiquant la valeur que d'un certain
nombre d'articles. J'ai dû y suppléer en recourant aux publications métropolitaines, qui ont trait aux valeurs importées ou
exportées, dont il a fallu cependant majorer les chiffres dans
une certaine mesure, en raison des frais divers que les marchandises supportent avant leur arrivée dans la colonie. D'utiles

renseignements ont été puisés dans les publications du commerce et de l'industrie ; d'autres ont pû être recueillis sur le marché local.

Les droits spécifiques proposés ne sont que l'équivalent des droits *ad valorem* du tarif actuel, sauf les exceptions suivantes : 1° les vêtements confectionnés acquitteront les droits spécifiques des tissus dont ils sont formés, augmentés d'une taxe de 10 p. 100, laquelle ne sera pas applicable aux vêtements grossiers pour cultivateurs, et aux sacs de jute et d'autres tissus spécialement destinés aux denrées exportables ; 2° les meubles garnis payeront en sus des droits spécifiques une taxe de 10 p. 100 sur ces mêmes droits. Il a aussi été admis au projet que, pour les marchandises tariffées au poids, les droits seront perçus sur le poids brut ou sur le poids net, suivant les règles tracées par le tarif général.

Aucune taxe spéciale n'est prévue pour les vins en double fût qui suivent actuellement le régime des vins en caisse. Bien des fois des réceptionnaires de vins se sont élevés contre cette tarification, et, aujourd'hui, l'expérience a démontré que, dans la généralité des cas, les vins en double fût ne sont que des vins ordinaires mis par précaution sous un double emballage. Il semble donc équitable qu'ils soient traités comme tels.

Un petit nombre seulement de droits *ad valorem* n'ont pas paru pouvoir être convertis en droits spécifiques ; ce sont ceux relatifs aux articles ci-après :

Pierres gemmes (*diamants et autres*) ;

Produits chimiques non dénommés ;

Médicaments composés non dénommés ;

Embarcations à dépecer (*les prix étant toujours fixés par les procès-verbaux d'adjudication*) ;

Instruments et appareils scientifiques (*instruments d'optique, de chirurgie et de chimie*) ;

Ouvrages de modes (*chapeaux et coiffures de femmes montés et garnis*) ;

Fleurs artificielles.

Si les recettes probables ne sont pas indiquées, c'est que les états de commerce, seuls documents susceptibles de fournir les éléments de calculs, résument trop sommairement les importations pour qu'il soit possible de faire la part des quantités afférentes à chaque espèce de produits.

Dans l'exposé des motifs du projet de loi concernant le nouveau tarif général des douanes, le ministre de l'agriculture et du commerce s'exprimait ainsi au sujet des droits spécifiques :

« Ces droits ne pouvant reposer que sur des moyennes ont

un inconvénient sérieux, celui de grever la marchandise commune et de dégrever la marchandise fine, plus spécialement destinée aux classes aisées de la société. Mais en retour ils ont l'avantage de donner à l'industrie toute la protection promise et au trésor la totalité des recettes qui lui sont dues. De plus les droits spécifiques quand ils sont convenablement établis facilitent les opérations du commerce, qui sait à l'avance ce qu'il dévra payer et peut combiner sûrement ses opérations. »

Pour compléter cette appréciation il conviendrait d'ajouter que les droits spécifiques ne peuvent offrir des avantages réels, surtout pour le trésor, que si la perception en est sérieusement assurée. Or, le personnel des douanes de la colonie suffit à peine à la liquidation des droits *ad valorem*. L'application des droits spécifiques entraînerait à des opérations bien plus nombreuses. Dans l'impossibilité où se trouverait le service de tout vérifier, ne serait-il pas à craindre que la fraude des fausses déclarations d'espèce, de quantités et de poids ne vînt à se substituer à celle des mésestimations ? On pourrait remédier ê cet inconvénient en augmentant le personnel de la visite ; mais il y aurait alors à examiner la question de savoir si l'accroissement de dépense qui en résulterait serait bien en rapport avec l'excédant de recette présumé. Le mieux paraîtrait de se borner à étendre les droits spécifiques à un certain nombre d'articles et de maintenir pour les autres le tarif des droits *ad valorem*.

Vous jugerez sans doute utile, Monsieur le Directeur, de soumettre ces observations au conseil général.

Veuillez agréer, Monsieur le Directeur de l'intérieur, l'expression de mes sentiments respectueux.

Le Directeur des douanes,

H. GARDIN.

OCTROI DE MER.

PROJET DE TARIF

AYANT POUR OBJET

LA CONVERSION DES DROITS AD VALOREM

EN DROITS SPÉCIFIQUES.

DÉSIGNATION DES MARCHANDISES.	UNITÉS.	TAUX MOYEN d'évaluation.
Animaux vivants.		
Chevaux entiers ou hongres, juments et poulains d'un an et au-dessus....................	Tête	775f
Poulains au-dessous d'un an....................	Idem	150
Mules et mulets....................	Idem	642
Anes et ânesses....................	Idem	90
Bestiaux — Bœufs....................	Idem	300
Vaches et génisses..........	Idem	125
Taureaux....................	Idem	250
Bouvillons, taurillons et veaux.	Idem	100
Béliers, brebis, moutons, agneaux, boucs, chèvres et chevreaux..	Idem	12
Porcs....................	Idem	20
Cochons de lait............	Idem	5
Gibiers, volailles, tortues et autres animaux vivants non dénommés ci-dessus....................	Idem	″
Produits et dépouilles d'animaux.		
Viandes — salées — de bœuf............	Baril de 90 kil.	80
de porc (lard compris) et autres.........	Kilogr.	1 33
Jambons et langues fumés.............	Idem	2
Saucissons et autres viandes apprêtées.	Idem	5
(Conserve de) en boîtes.....	Idem	5
(Extraits de) en pains ou autres.	Idem	5
simplement séchées (tassao).	Idem	0 60
Peaux brutes....................	Idem	0 45
Laines (déchets compris)....................	Idem	2
Crins bruts, préparés ou frisés....................	Idem	2
Soies à coudre, à broder ou autres............	Idem	75
Plumes — de parure....................	Idem	100
à écrire....................	Mille	10
à lit (duvet et autres).........	Kilog.	5
Graisses animales autres que de poissons. — suifs....................	Idem	1 30
saindoux....................	Idem	1 55
huiles de pied de bœuf et de mouton....................	Idem	1 50
autres....................	Idem	1 50
Cire brute, jaune, brune ou blanche....................	Idem	3
Fromage de toute sorte....................	Idem	2 30
Beurre salé — en fréquin....................	Idem	2 75
en boîte, en bouteille et autres récipients....................	Idem	3 50
Œufs de volaille et de gibier....................	La douzaine	1
Engrais — Poudrette, sang de bétail résidu de noir animal.......	Kilog.	0 20
Guano du Pérou............	Idem	0 35
Autres, y compris le superphosphate de chaux, l'azotate, le nitrate de soude et toutes autres substances destinées à être employées comme engrais chimiques, sur déclaration faite à la douane,		

| TARIF ACTUEL. | | TARIF PROPOSÉ. | | OBSERVATIONS. |
Unités sur lesquelles portent les droits.	DROITS.	Unités sur lesquelles portent les droits.	DROITS.	
Par tête	30f	Par tête	30f	Les lettres B et N placées dans les colonnes intitulées *unités sur lesquelles portent les droits* indiquent si la taxe doit être perçue sur le poids net.
Idem	5	Idem	5	
Idem	10	Idem	10	
Idem	3	Idem	3	
Idem	10	Idem	10	
Idem	Exemptes	Idem	Exemptes	
Idem	10	Idem	10	
Idem	3	Idem	3	*Tares.*
Idem	1	Idem	1	Les marchandises tarifées à plus de 10 francs par 100 kilog. acquittent les droits sur le poids net.
Idem	2	Idem	2	
Idem	0 25	Idem	0 25	Ne doivent également les droits que sur le poids net, quelle que soit la quotité de ces droits les marchaddises dénommees ci-après :
Idem	Exempts	Idem	Exempts	Ouvrages en soie et bourre de soie ;
Baril de 90 kil.	8 50	Baril de 90 kil.	8 50	Dentelles ;
100 kilog. N.	10	100 kilog. B.	10	Ouvrages en or et en argent ; Soies ;
100 kilog. N.	20	100 kilog. N.	20	Plumes apprêtées ;
100 kilog. N.	30	Idem	30	Machines et mécaniques ;
100 kilog. N.	30	Idem	30	Nankin ;
Valeur	6 p. o/o	Idem	30	Sucre ;
Idem	6 p. o/o	100 kilog. B.	3 60	Café ;
Pièce	0 50	Pièce	0 50	Cacao ;
Valeur	6 p. o/o	100 kilog. N.	12	Poivre ;
Idem	6 p. o/o	Idem	12	Indigo ;
Idem	6 p. o/o	Le kilog. N.	4 50	Potasse ;
Idem	6 p. o/o	Idem	6	Carbonate de potasse et tartre brut ;
Idem	6 p. o/o	Le mille	0 60	Coton.
Idem	6 p. o/o	100 kilog. N.	30	Toutes les autres marchandises tarifées au poids acquittent les droits sur le poids brut. (Extrait du tarif général des douanes)
Caisse de 12k50	1	Caisse de 12k50	1	
100 kilog. N.	10	100 kilog. B.	10	
Valeur	6 p. o/o	Idem	9	
Idem	6 p. o/o	Idem	9	
Idem	6 p. o/o	100 kilog. N.	18	
100 kilog. N.	12	Idem	12	
Le fréq. de 20k	2	Le fréq. de 20k	2	
100 kilog. N.	10 60	100 kilog. N.	10 60	
Valeur	6 p. o/o	Valeur	0 06	
Idem	1 p. o/o	100 kilog. B.	0 20	
100 kilog. N.	Exempt	100 kilog. N.	Exempt	

DÉSIGNATION DES MARCHANDISES.			UNITÉS.	TAUX MOYEN d'évaluation.
Engrais (suite)... {	par le destinataire, de l'affectation de ces substances		Kilogr.	0f 35
Noir d'os (noir animal) autre que pour engrais..			Idem	0 30
Autres produits et dépouilles à l'état brut.......			Idem	0 30
Pêches.				
Poissons......... {	secs, salés ou fumés {	Morues.	Idem	0 35
		Autres..	Idem	0 30
	marinés ou autrement préparés, huîtres comprises.....		Idem	4
Graisse de poisson........................			Idem	1 60
Substances animales brutes propres à la médecine ou à la parfumerie.				
Éponges......... {	communes..............		Idem	10
	fines		Idem	176
Musc.......			Gramme.	2
Cantharides desséchées et castoréum..........			Kilogr.	25
Civettes et ambre gris.............., ...			Gramme.	100
Autres substances......................			Kilogr.	5
Matières dures à tailler.				
Écaille de tortue.......................			Idem	20
Os et sabots de bétail....................			Idem	0 10
Cornes de bétail.......................			Idem	0 20
Farineux alimentaires.				
Céréales......... {	Froment et seigle. {	Grains..	Idem	0 30
		Farines.	Baril de 90 k.	55
	Maïs............ {	Grains..	Hectol.	16
		Farines.	Idem	25
	Avoine................		Idem	13
Pain et biscuit de mer....................			Kilogr.	0 50
Biscuit soda............·...........			Caisse de 10 k.	8
Gruaux, semoules en gruau (grosse farine), grain perlés et mondés....................			Kilogr.	4
Semoules en pâte et pâtes d'Italie.............			Idem	1 15
Fécules......... {	Farine de manioc..........		Le litre.	0 35
	Autres...............		Kilogr.	1
Riz en grains ou en paille, brisures de riz.......			Idem	0 33
Légumes secs et leurs farines..............			Le litre.	0 38
Marrons, chataignes et leurs farines..........			Kilogr.	0 80
Alpiste grains et farine.................			Idem	1
Millet........................			Idem	0 40
Pommes de terre.....................			Idem	0 20
Racines alimentaires...................			Idem	0 20
Fruits et graines.				
Fruits de table. {	Frais... {	Noix de coco..........	Mille.	100
		Autres.............	Kilogr.	0 10
	Secs ou tapés. {	Prunes, raisins, figues, etc...	Idem	2 50
		Amandes, noix, noisettes et avelines..........	Idem	1
	Confits ou conservés {	A l'eau-de-vie ou au jus.....	Caisse de 12 flacons ou 9 k.	12
		Au vinaigre, à l'huile ou au sel.	Idem	6

TARIF ACTUEL.		TARIF PROPOSÉ.		OBSERVATIONS.
Unités sur lesquelles portent les droits.	DROITS.	Unités sur lesquelles portent les droits.	DROITS.	
100 kilogr. N.	1f	100 kilogr. B.	0 35	
Idem	1	*Idem*	1	
Valeur.	6 p. o/o	*Idem*	1 80	
100 kilogr. N.	1	*Idem*	1	
Idem	1 50	*Idem*	1 50	
Idem	12	100 kilogr. N	12	
Valeur.	6 p. o/o	100 kilogr. B.	9 60	
Idem	6 p. o/o	100 kilogr. N.	60	
Idem	6 p. o/o	Le kilogr. N.	10 56	
Idem	10 p. o/o	Le gramme N.	0 20	
Idem	10 p. o/o	Le, kilogr. N.	2 50	
Idem	10 p. o/o	Le gramme N.	10	
Iedm	10 p. o/o	Le kilogr. N.	0 50	
Idem	6 p. o/o	Le kilogr. N.	1 20	
Idem	6 p. o/o	100 kilogr. B.	0 60	
Idem	6 p. o/o	*Idem*	1 20	
Idem	6 p. o/o	*Idem*	1 80	
Baril de 90 k.	2	Bar. de 90 k.	2	
Hectol.	1	Hectol.	1	
Idem	2	*Idem*	2	
Idem	1	*Idem*	1	
100 kilogr. N.	2 50	100 kilogr. B.	2 50	
Valeur.	6 p. o/o	*Idem*	4 80	
Idem	6 p. o/o	*Idem*	6	
100 kilogr. N.	7	*Idem*	7	
Le litre.	Exempte.	Le litre.	Exempte.	
Valeur.	6 p. o/o	100 kilogr. B.	6	
100 kilogr. N.	0 75	*Idem*	0 75	
Hectol.	1	Hectol.	1	
Valeur.	6 p. o/o	100 kilogr. B.	4 80	
Idem	6 p. o/o	*Idem*	6	
Idem	6 p. o/o	*Idem*	2 40	
100 kilogr. N.	1	*Idem*	1	
Idem	Exemptes.	*Idem*	Exemptes.	
Mille.	8	Mille.	8	
100 kilogr. N.	Exempts.	100 kilogr. N.	Exempts.	
Idem	16	*Idem*	16	
Valeur.	6 p. o/o	100 kilogr. B.	6	
C. de 9 kil.	2	Caisse de 9 k.	2	
100 kilogr. N.	9	100 kilogr. B.	9	

DÉSIGNATION DES MARCHANDISES.	UNITÉS.	TAUX MOYEN d'évaluation.
Fruits et graines oléagineux (arachides et sésames.)	Kilogr.	0f 50
Graines à ensemencer	Idem	1 00
Denrées coloniales.		
Sucres { brut ou concret	Kilogr.	0 45
poudres blanches	Idem	0f 60
raffinés	Idem	1f 10
Mélasses	Litre.	0 25
Sirops, bonbons, fruits confits au sucre, biscuits sucrés, confitures	Kilogr.	4
Café	Idem	2
Cacao { en fèves et pellicules	Idem	1 10
broyé, chocolat et beurre de cacao	Idem	4 00
Poivre, piment et gingembre	Idem	1f 20
Amomes et cordamomes, cannelle, cassia-lignea, muscades, macis, girofle	Idem	3 50
Vanille	Idem	15
Thé	Idem	10
Tabacs { en feuilles	Idem	1f 50
fabriqués	Idem	13
Huiles et sucs végétaux.		
Huiles fixes pures d'olive { en paniers	Kilogr.	1f 90
en caisses	Idem	2 65
dans d'autres récipients	Idem	1 20
spécialement destinées au graissage des machines	Idem	} 4 00
d'amandes douces	Idem	
de palme et de coco	Idem	1f 50
de graines grasses	Idem	1 00
autres	Idem	1 00
aromatisées	Idem	12 00
Volatilles ou essences { de rose ou de bois de rhodes	Gramme.	1
autres	Kilogr.	40
Gommes { d'Europe	Idem	2
exotiques	Idem	3
Résines et autres produits résineux { Poix, galipot, goudron, brai gras et sec	Idem	0 20
Térébenthine	Idem	1 50
Scammonée	Idem	60
Autres	Idem	3
Essences de térébenthine	Idem	1
Baumes { Benjoin, styrax liquide, copahu	Idem	8
Autres, y compris le storax	Idem	15
Camphre	Idem	4
Caoutchouc et gutta-percha	Idem	8
Manne	Idem	6
Aloès	Idem	2
Opium	Idem	70
Sucs de réglisse	Idem	4
Sarcocolle, kino et autres végétaux desséchés	Idem	5

| TARIF ACTUEL. | | TARIF PROPOSÉ. | | OBSERVATIONS. |
Unités sur lesquelles portent les droits.	DROITS.	Unités sur lesquelles portent les droits.	DROITS.	
Valeur.	6 p. o/o	100 kilogr. B.	3f	
Idem	6 p. o/o	Idem	6	
Valeur	6 p. o/o	100 kilogr. N.	2 70	
Idem	6 p. o/o	Idem	3 60	
100 kilogr. N.	10	Idem	10	
100 litres.	0 50	100 litres	0 50	
Valeur.	15 p. o/o	100 kilogr. N.	60	
Idem	6 p. o/o	Idem	12	
Idem	6 p. o/o	Idem	6 60	
Idem	6 p. o/o	Idem	24	
Idem	6 p. o/o	Idem	7 20	
Idem	6 p. c/o	Idem	21	
Idem	6 p. o/o	Idem	90	
Idem	6 p. o/o	Idem	60	
100 kilogr. N.	Exempts.	Idem	Exempts.	
Idem	Exempts.	Idem	Idem	
Le panier.	1	Le panier.	1	
La caisse.	2	La caisse.	2	
100 kilogr. N.	10	100 kilogr. B.	10	
Idem	6	Idem	6	
Valeur.	6 p. o/o	Le kilogr. N.	0 24	
Idem	6 p. o/o	100 kilogr. B.	9	
Idem	6 p. o/o	Idem	6	
Idem	6 p. o/o	Idem	6	
Idem	12 p. o/o	Le kilogr. N.	1 44	
Idem	10 p. o/o	100 gram. N.	10	
Idem	6 p. o/o	Le kilogr. N.	4	
Idem	6 p. o/o	100 kilogr. N.	12	
Idem	6 p. o/o	Idem	18	
100 kilogr. N.	1	100 kilogr. B.	1	
Valeur.	6 p. o/o	Idem	9	
Idem	6 p. o/o	Le kilogr. N.	3 60	
Idem	6 p. o/o	100 kilogr. N.	18	
100 kilogr. N.	7	100 kilogr. B.	7	
Valeur.	10 p. o/o	Le kilogr. N.	0 80	
Idem	10 p. o/o	Idem	1 50	
Idem	10 p. o/o	Idem	0 40	
Idem	6 p. o/o	100 kilogr. N.	48	
Idem	10 p. o/o	Le kilogr. N.	0 60	
Idem	10 p. o/o	Idem	0 20	
Idem	10 p. o/o	Idem	7	
Idem	10 p. o/o	Idem	0 40	
Idem	10 p. o/o	Idem	0 50	

DÉSIGNATION DES MARCHANDISES.	UNITÉS.	TAUX MOYEN d'évaluation.
Espèces médicinales.		
Racines......... Ipécacuana.................	Kilogr.	15f
Rhubarbe................	*Idem*	6
Salsepareille et jalap........	*Idem*	4
Réglisse.................	*Idem*	2
Autres...................	*Idem*	2
Ecorces......... Quinquina.................	*Idem*	12
Autres...................	*Idem*	2
Herbes, feuilles, fleurs...............	*Idem*	3
Fruits et graines. Casse et tamarins..........	*Idem*	1
Autres...................	*Idem*	4
Lichens autres que ceux propres à la teinture....	*Idem*	1
Bois.		
Bois à construire. du Nord......	Mètre courant	0 48
blancs........	*Idem*	0 40
Autres........	Mètre cube	110
Mâts, matériaux..............	La pièce	200
Espars....................	*Idem*	25
Avirons et rames.............	Mètre	2
Merrains.................	Mille	250
Bois communs... Feuillards..................	Le brin	0 09
Aissantes.... banches......	Mille	15
du Nord et wallaba........	*Idem*	35
Liège brut ou en planches...	Kilogr.	1
Bois durs propres à l'agriculture.	Mètre cube	110
Traverses de chemins de fer.	*Idem*	55
Bois communs autres........	*Idem*	7
Bois d'ébénisterie....................	Mètre courant	2
Bois odorants...................	Kilogr.	3
Bois de teinture....................	*Idem*	0 20
Filaments, tiges et fruits à ouvrer.		
Coton.....................	*Idem*	1 60
Lin et chanvre.... Étoupes..........	*Idem*	0 50
tellé ou peigné...........	*Idem*	2
Joncs et roseaux bruts (paille de latanier).......	Pièce	0 10
Autres.....................	Kilogr.	0 50
Teintures et tanins.		
Safran.....................	*Idem*	100
Curcuma, sumac et fustet,...............	*Idem*	1
Carthames (fleurs de)................	*Idem*	3
Autres racines : herbes, feuilles, fleurs, écorces, baies, graines et fruits propres à la teinture et au tannage...................	*Idem*	0 80
Produits et déchets divers.		
Légumes......... verts.............	*Idem*	0 30
salés ou confits............	*Idem*	0 50
(conserves de) en boîte,......	*Idem*	4 00
Truffes sèches ou marinées......	*Idem*	20 00
Fourrages.....................	*Idem*	0 10
Son de toute sorte de grains................	*Idem*	0 04

TARIF ACTUEL.		TARIF PROPOSÉ.		OBSERVATIONS.
Unités sur lesquelles portent les droits.	DROITS.	Unités sur lesquelles portent les droits.	DROITS.	
Valeur	10 p. o/o	Kilogr. N.	1 50	Le mètre courant mesure : 1 mètre en largeur, 0m 330 de largeur et 0m 0275 d'épaisseur.
Idem	10 p. o/o	Idem	0 60	
Idem	10 p. o/o	Idem	0 40	
Idem	10 p. o/o	Idem	0 20	
Idem	10 p. o o	Idem	0 20	
Idem	10 p. o/o	Idem	1 20	
Idem	10 p. o/o	Idem	0 20	
Idem	10 p. o/o	Idem	0 30	
Idem	10 p. o/o	Kilogr. B.	0 40	
Idem	10 p. o/o	Kilogr. N.	0 40	
Idem	10 p o/o	Kilogr. B.	0 40	
100 mèt. cour.	3f	100 mèt. cour.	3	
Idem	2	Idem	2	
Valeur	5 p. o/o	Mètre cube	5 50	
Idem	5 p. o/o	La pièce	10	
Idem	5 p. o/o	Idem	1 25	
Idem	6 p. o/o	Le mètre	0 12	
Mille	4f	Mille	4	
Idem	2	Idem	2	
Idem	2	Idem	2	
Idem	2	Idem	2	
Valeur	6 p. o/o	100 Kilogr. B.	6	
Idem	2 p. o/o	Mètre cube	2	
Idem	2 p. o/o	Idem	1 10	
Idem	5 p. o/o	Idem	0 35	
Idem	5 p. o/o	100 mèt. cour.	10	
Idem	6 p. o/o	100 kilogr. N.	18	
Idem	6 p. o/o	100 kilogr. B.	1 20	
Idem	6 p. o/o	100 kilogr. N.	9 60	
Idem	6 p. o/o	100 kilogr. B.	3	
Idem	6 p. o/o	100 kilogr. N.	12	
Idem	6 p. o/o	Le cent	0 60	
Idem	6 p. o/o	100 kilogr. B.	3	
Idem	6 p. o/o	Le kilogr. N.	6	
Idem	6 p. o/o	100 kilogr. B.	6	
Idem	6 p. o/o	100 kilogr. N.	18	
Idem	6 p. o/o	100 kilogr. B.	4 80	
100 kilogr.	1	Idem	1	
Idem	9	Idem	9	
Valeur	6 p. o/o	100 kilogr. N.	24	
Idem	6 p. o/o	Le kilogr. N.	1 20	
Idem	6 p. o/o	100 kilogr. B.	0 60	
Idem	Exempt	Idem	Exempt	

DÉSIGNATION DES MARCHANDISES	UNITÉS.	TAUX MOYEN d'évaluation.
Tourteaux de graines oléagineuses	Kilogr.	0f 20
Drille (vieux, cordages, chiffons, etc.)	Idem	0 70
Glace (eau congelée)	Idem	0 05
Autres produits et déchets divers)	Idem	0 25
Pierres, terres et combustibles minéraux.		
Marbres. bruts, équarris ou simplement sciés — Carreaux.	Idem	0 50
Marbres. bruts, équarris ou simplement sciés — Autres.	Idem	0 50
Marbres. sculptés, polis ou autrement ouvrés	Idem	2
Écossines brutes ou simplement taillées ou sciées — Carreaux.	Idem	0 20
Écossines brutes ou simplement taillées ou sciées — Autres.	Idem	0 20
Écossines sculptées, polies ou autrement ouvrées.	Idem	0 30
Albâtre. brut, équarri ou simplement scié	Idem	0 50
Albâtre. sculpté, poli ou autrement ouvré	Idem	5
Pierres gemmes brutes ou taillées	La valeur.	" "
Agathes ou autres pierres de même espèce — Brutes.	Kilogr.	1
Agathes ou autres pierres de même espèce — Ouvrées.	Idem	2
Pierres ouvrées, y compris les pierres d'ardoises et de construction — taillées ou sciées — Barsac.	Mètre courant	8
Pierres ouvrées, y compris les pierres d'ardoises et de construction — taillées ou sciées — Pierres à four (roches à feu)	Pièce.	2 25
Pierres ouvrées, y compris les pierres d'ardoises et de construction — taillées ou sciées — Autres	Kilogr.	0 20
Pierres ouvrées, y compris les pierres d'ardoises et de construction — sculptées ou polis (pierres lithographiques, chiques, ardoises nues ou encadrées).	Idem	1
Meules à aiguiser. de moins de 50 centimètres.	Pièce.	14
Meules à aiguiser. de 50 centimètres et au-dessus.	Idem	23
Pierres et terres servant aux arts et métiers — pierres à aiguiser	Kilogr.	2
Pierres et terres servant aux arts et métiers — craie, éméri et autres	Idem	0 50
Matériaux — Ardoises pour toiture	Mille.	80
Matériaux — Carreaux	Idem	50
Matériaux — Briques, y compris les briques en terre réfractaire	Idem	60
Matériaux — Tuiles	Idem	200
Matériaux — Chaux et plâtre	Kilogr.	0 04
Matériaux — Ciment de toute sorte	Idem	0 06
Matériaux — Autres	Idem	1
Soufre épuré ou sublimé	Idem	0 25
Houille crue ou carbonisée	Idem	0 03
Graphite ou plombagine	Idem	0 75
Bitumes et goudron minéral	Idem	0 10
Huiles de pétrole, de schiste et autres huiles minérales propres à l'éclairage	Idem	0 45
Métaux.		
Or battu, en feuilles	Le gramme.	4
Argent battu, en feuilles	Idem	0 20
Fer — Fonte brute épurée ou moulée	Kilogr.	0 20
Fer — Fer étiré en barres, fers d'angle et à T, et rails de toutes formes et dimensions	Idem	0 35
Fer — Fer feuillards en bandes	Idem	0 25
Fer — Tôles laminées ou martelées, planes	Idem	0 40
Fer — Fer étamé (fer-blanc), cuivre, zingué ou plombé	Idem	2
Fer — Fil de fer, qu'ils soient ou non étamés, cuivrés ou zingués	Idem	0 80

TARIF ACTUEL.		TARIF PROPOSÉ.		OBSERVATIONS.
Unités sur lesquelles portent les droits.	DROITS.	Unités sur lesquelles portent les droits.	DROITS.	
Valeur.	1 p. o/o	100 kilogr. B.	0f 20	
Idem	6 p. o/o	Idem	4 20	
Idem	Exempte.	Idem	Exempt.	
Idem	6 p. o/o	Idem	1 50	
Mille.	10	Mille.	10	
Valeur.	6 p. o/o	100 kilogr. B.	3	
Idem	6 p. o/o	100 kilogr. N.	12	
Mille.	3 50	Mille.	3 50	
Valeur.	6 p. o/o	100 kilogr. B.	1 20	
Idem	6 p. o/o	edem	1 80	
Idem	6 p. o/o	Idem	3	
Idem	6 p. o/o	100 kilogr. N.	30	
Idem	6 p. o/o	Valeur.	6 p. o/o	
Idem	6 p. o/o	100 kilogr. B.	6	
Idem	6 p. o/q	100 kilogr. N.	12	
Idem	6 p. o/o	Mètre courant	0 48	
Pièce.	0 15	Pièce.	0 15	
Valeur.	6 p. o/o	100 kilogr. B.	1 20	
Idem	6 p. o/o	Idem	6	
Idem	6 p. o/o	Pièce.	0 84	
Idem	6 p. o/o	Idem	1 38	
Idem	6 p. o/o	100 kilogr. N.	12	
Mille.	6 p. o/o	100 kilogr. B.	3	
Idem	3	Mille.	3	
Idem	3 50	Idem	3 50	
Idem	2	Idem	2	
Idem	3 50	Idem	3 50	
Valeur.	6 p. o/o	100 kilogr. B.	0 24	
Idem	6 p. o/o	Idem	0 36	
Idem	6 p. o/o	Idem	6	
Idem	6 p. o/o	Idem	1 50	
100 kilogr. N.	0 10	Idem	0 10	
Valeur	6 p. o/o	Idem	4 50	
Idem	6 p. o/o	Idem	0 60	
Hectolitre.	10	Hectolitre.	10	
Valeur.	6 p. o/o	100 gram. N.	24	
Idem	6 p. o/o	Idem	1 20	
Idem	6 p. o/o (1)	100 kilogr. B.	1 20(2)	(1) 3 pour 100 pour la fonte brute destinée aux constructions.
100 kilogr. N.	1	Idem	1	(2) 60 centimes pour la fonte brute destinée aux constructions.
Valeur.	6 p. o/o	Idem	1 50	
100 kilogr. N.	2	Idem	2	
Idem	5	Idem	5	
Valeur.	6 p. o/o	Idem	4 80	

DÉSIGNATION DES MARCHANDISES.		UNITÉS.	TAUX MOYEN d'évaluation.
Fer (acier)......	en barres, rails et feuillards....	Kilogr.	1f 50
	en tôles ou bandes............	Idem	2
	filé, même blanchi pour cordes d'instruments	Idem	3
Cuivre { pur ou allié de zinc ou d'étain.	en masses, barres, saumons ou plaques..................	Idem	1 50
	laminé ou battu en barres ou en planches	Idem	2
	en fils de toute dimension, poli ou non, autres que dorés et argentés	Idem	3 50
	doré ou argenté, en masses ou lingots, battu, tiré, laminé ou filé sur fil ou sur soie...............	Idem	12
Plomb en saumon, barres ou plaques, battu ou laminé pur ou allié d'antimoine.............		Idem	0 60
Étain en saumon, barres ou plaques, battu ou laminé pur ou allié d'antimoine.............		Idem	3
Zinc en saumon, barres ou plaques, laminé.......		Idem	0 80
Limailles et débris de vieux ouvrages.	en fer ou en fonte...........	Idem	0 10
	en cuivre................	Idem	1
	en plomb...............	Idem	0 40
	en étain................	Idem	1 50
	en zinc.................	Idem	0 35
Mercure natif (vif argent).............		Idem	7 50
Antimoine........	sulfuré, fondu..............	Idem	0 50
	métallique ou régule........	Idem	1 50
Arsénic métallique....................		Idem	0 60
Manganèse.........................		Idem	0 20
Bismuth (étain de glace).............		Idem	20
Cobalt vitrifié en masse (smalt) ou en poudre (azur).		Idem	1 50

Produits chimiques.

DÉSIGNATION DES MARCHANDISES.		UNITÉS.	TAUX MOYEN d'évaluation.
Brome et bromure de potassium..............		Idem	8
Iode brut ou raffiné, et iodure de potassium......		Idem	50
Phosphore........	blanc..................	Idem	8
	rouge.................	Idem	15
Acides..........	arsénieux (arsenic blanc.....	Idem	0 70
	benzoïque, gallique, borique, nitrique, oléique, oxalique et phosphorique...........	Idem	1
	citrique cristalisée...........	Idem	7
	hydrochlorique ou muriatique.	Idem	0 15
	sulfurique..............	Idem	0 20
	phénique..............	Idem	3
	stéarique	Idem	3 50
	tartrique..............	Idem	4
Oxydes..........	de cuivre et d'étain..........	Idem	2 50
	de fer..................	Idem	0 25
	de plomb (minium, litharge et autres)...............	Idem	1
	de zinc (blanc et gris de zinc en poudre)	Idem	2
Ammoniaque (alcali volatil)..............		Idem	1
Magnésie calcinée....................		Idem	5

TARIF ACTUEL.		TARIF PROPOSÉ.		OBSERVATIONS.
Unités sur lesquelles portent les droits.	DROITS.	Unités sur lesquelles portent les droits.	DROITS.	
Valeur	6 p. o/o	100 kilogr. B.	9	
Idem	6 p. o/o	100 kilogr. N.	12	
Idem	6 p. o/o	Idem	18	
Idem	6 p. o/o	100 kilogr. B.	9	
100 kilogr. N.	16f	100 kilogr. N.	16	
Valeur	6 p. o/o	Idem	21	
Idem	6 p. o/o	Idem	72	
100 kilogr. N.	5	100 kilogr. B.	5	
Valeur	6 p. o/o	100 kilogr. N.	18	
100 kilogr. N.	5	100 kilogr. B.	5	
Valeur	6 p. o/o	Idem	0 60	
Idem	6 p. o/o	Idem	6	
Idem	6 p. o/o	Idem	2 40	
Idem	6 p. o/o	Idem	9	
Idem	6 p. o/o	Idem	2 10	
Idem	6 p. o/o	Le kilogr. N.	0 45	
Idem	6 p. o/o	100 kilogr. B.	3	
Idem	6 p. o/o	Idem	9	
Idem	6 p. o/o	Idem	3 60	
Idem	6 p. o/o	Idem	1 20	
Idem	6 p. o/o	Le kilogr. N.	1 20	
Idem	6 p. o/o	100 kilogr. B.	9	
Valeur	10 p. o/o	Le kilogr. N.	0 80	
Idem	10 p. o/o	Idem	5	
Idem	10 p. o/o	Idem	0 80	
Idem	10 p. o/o	Idem	1 50	
Idem	10 p. o/o	Le kilogr. B.	0 07	
Idem	10 p. o/o	Idem	0 10	
Idem	10 p. o/o	Le kilogr. N.	0 70	
Idem	10 p. o/o	Le kilogr. B.	0 02	
Idem	10 p. o/o	Idem	0 02	
Idem	10 p. o/o	Idem	0 30	
Idem	6 p. o/o	Le kilogr. N.	0 21	
Idem	10 p. o/o	Idem	0 40	
Idem	6 p. o/o	Idem	0 15	
Idem	10 p. o/o	Le kilogr. B.	0 03	
Idem	10 p. o/o	Idem	0 10	
Idem	10 p. o/o	Le kilogr. N.	0 20	
Idem	10 p. o/o	Le kilogr. B.	0 10	
Idem	10 p. o/o	Le kilogr. N.	0 50	

DÉSIGNATION DES MARCHANDISES.	UNITÉS.	TAUX MOYEN d'évaluation.
Potasse et carbonate de potasse...............	Kilogr.	1f
Soudes, carbonate et bi-carbonate de soude, natrons et autres sels de soude.......................	Idem	0 30
Sel marin..................	Idem	0 05
Sels ammoniacaux..{ chlorydate, carbonate, sulfate d'ammoniaque et autres...	Idem	2
Sels d'argent (bromure, chlorure, iodure et nitrate d'argent)..............	Idem	150
Acétates ....{ de cuivre................	Idem	3
de fer................	Idem	0 10
de plomb (sel de Saturne)....	Idem	1 50
de potasse et de soude.......	Idem	1 50
Alun d'ammoniaque ou de patasse et sulfate d'alumine	Idem	1
Borax rafiné.......	Idem	1 50
Carbonate........{ de plomb (blanc de céruse)..	Idem	0 90
de magnésie............	Idem	1 60
Chlorates de potasse, de soude, de baryte et autres..	Idem	2
Arséniate de potasse et de soude...........	Idem	5 50
Chlorures de chaux, de magnésium et de potassium.	Idem	0 50
Chromates de plomb et de potasse...........	Idem	2
Glycérine................	Idem	1 50
Kermès minéral et sels d'antimoine, l'émétique excepté................	Idem	13
Lactate de fer................	Idem	8
Nitrates de potasse et de soude...........	Idem	0 60
Oxalate de potasse (sel d'oseille)...........	Idem	2 50
Sulfates........{ de cuivre (couperose bleue) .	Idem	1
de fer (couperose verte).....	Idem	0 40
double de fer et de cuivre (vitriol d'Admonde)........	Idem	0 70
de magnésie (sel d'epson et de sedlitz)............	Idem	0 30
de potasse (sel de duobus)....	Idem	1
de soude................	Idem	0 15
de zinc (couperose blanche)..	Idem	0 50
de quinine................	Idem	600
Sulfite et hyposulfite de soude............	Idem	0 60
Sulfures........{ d'arsenic en masses (orpin, orpiment et réalgar).....	Idem	0 70
de mercure en pierres ou pulvérisés (cinabre et vermillon)	Idem	10
Tartrate de potasse, y compris le tratrate double de potasse et de soude............	Idem	5
Produits chimiques non dénommés, y compris les extraits de quinquina et la pâte phosphorée......	Valeur.	,
Teintures préparées.		
Cochenille................	Kilogr.	14
Kermès animal................	Idem	15
Indigo naturel................	Idem	12
Indigo-pastel, indigue, inde-plate et boule de bleu.	Idem	2
Produits tirés du goudron de houille (azuline, fuchine, roséine, etc.)............	Idem	30
Autres................	Idem	2

TARIF ACTUEL.		TARIF PROPOSÉ.		OBSERVATIONS.
Unités sur lesquelles portent les droits.	DROITS.	Unités sur lesquelles portent les droits.	DROITS.	
Valeur.	10 p. o/o	Le kilogr. N.	0f 10	
Idem	10 p. o/o	Le kilogr. B.	0 03	
100 kilogr. N	1	100 kilogr. B.	1	
Valeur.	10 p. o/o	Le kilogr. N.	0 20	
Idem	10 p. o/o	Idem	15	
Idem	10 p. o/o	Idem	0 30	
Idem	10 p. o/o	Le Kilogr. B.	0 01	
Idem	10 p. o/o	Le Kilogr. N.	0 15	
Idem	10 p. o/o	Idem	0 15	
Idem	10 p. o/o	Le kilogr. B.	0 10	
Idem	10 p. o/o	Le kilogr. N.	0 15	
Idem	10 p. o/o	Le kilogr. B.	0 09	
Idem	10 p. o/o	Le kilogr. N.	0 16	
Idem	10 p. o/o	Idem	0 20	
Idem	10 p. o/o	Idem	0 55	
Idem	10 p. o/o	Le kilogr. B.	0 05	
Idem	10 p. o/o	Le kilogr. N.	0 20	
Idem	10 p. o/o	Idem	0 15	
Idem	10 p. o/o	Idem	1 30	
Idem	10 p. o/o	Idem	0 80	
Idem	10 p. o/o	Le Kilogr. B.	0 06	
Idem	10 p. o/o	Le kilogr. N.	0 25	
Idem	10 p. o/o	Le kilogr. B.	0 10	
Idem	10 p. o/o	Idem	0 04	
Idem	10 p. o/o	Idem	0 07	
Idem	10 p. o/o	Idem	0 03	
Idem	10 p. o/o	Idem	0 10	
Idem	10 p. o/o	Idem	0 02	
Idem	10 p. o/o	Idem	0 05	
Idem	10 p. o/o	Le kilogr. N.	60	
Idem	10 p. o/o	Le kilogr. B.	0 06	
Idem	6 p. o/o	Idem	0 04	
Idem	6 p. o/o	Le kilogr. N.	0 60	
Idem	10 p. o/o	Idem	0 50	
Idem	10 p. o/o	Idem	10 p. o/o	
Idem	6 p. o/o	Le kilogr. N.	0 84	
Idem	6 p. o/o	Idem	0 90	
Idem	6 p. o/o	Idem	0 72	
Idem	6 p. o/o	Idem	0 12	
Idem	6 p. o/o	Idem	1 80	
Idem	6 p. o/o	Idem	0 12	

DÉSIGNATION DES MARCHANDISES.	UNITÉS.	TAUX MOYEN d'évaluation.
Couleurs.		
Outremer............................	Kilogr.	1f 50
Bleu de Prusse......................	Idem	5
Vernis... { à l'alcool. { au tampon............	Idem	1 80
{ au pinceau...........	Idem	2 75
{ à l'essence.....................	Idem	1
Encre... { à écrire ou à imprimer...........	Idem	2
{ à dessiner en tablettes..........	Idem	12
Noir..... { d'ivoire....................	Idem	5
{ d'Espagne ou de fumée..........	Idem	3
Crayons.. { simples en pierre.................	Idem	1 50
{ communs, à gaîne de bois blanc, vernis ou non vernis, et crayons en gros bois pour charpentier........	Idem	5
{ fins, en bois teint ou bois de cèdre ou à mines de couleur..............	Idem	10
Couleurs { broyées à l'huile, y compris le carbonate de plomb (blanc de céruse et l'oxyde de zinc (blanc de zinc) ayant reçu la même préparation.........	Idem	1
{ non dénommées.................	Idem	1
Compositions diverses.		
Parfume- { Savons......................	Idem	5
rie. { Autres.... { alcooliques.............	Idem	6
{ non alcooliques.........	Idem	5
Savons autres que ceux de parfumerie..........	Idem	0 80
Épices préparés...... { Moutardes............	Idem	4
{ Sauces et autres........	Idem	5
Médica- { Eaux dis- { alcooliques..........	Idem	5
ments { tillées. { non alcooliques (eaux de fleurs d'oranger et autres)	Idem	2
composés. { Non dénommés...............	Valeur.	"
Cire à cacheter.......................	Kilogr.	4
Bougies de toute sorte..................	Idem	2 50
Cire et acide stéarique ouvrés autrement qu'en bougies............................	Idem	4
Chandelles...........................	Idem	1 20
Colle de poisson......................	Idem	42
Colle forte..........................	Idem	1 60
Gélatine............................	Idem	4
Cirage..............................	Idem	1
Autres..............................	Idem	1 50
Boissons.		
Boissons fermentées. { Vins ordinaires. { de Bordeaux............	Litre.	0 65
{ de côte et autres........	Idem	0 57
{ en caisse..............	Idem	1 50
Vins de liqueur. { Vermouth.............	Idem	1 50
{ Madère et ténériffe......	Idem	2 75
{ Champagne............	Idem	3 60
{ Autres...............	Idem	2 50
Vinaigres autres que ceux de parfumerie........................	Idem	0 35
Bière..............................	Idem	0 85
Jus d'orange et autres jus de fruits..	Idem	1 50

TARIF ACTUEL.		TARIF PROPOSÉ.		OBSERVATIONS.
Unités sur lesquelles portent les droits.	DROITS.	Unités sur lesquelles portent les droits.	DROITS.	
Valeur.	6 p. o/o	Le kilogr. B.	0f 09	
Idem	6 p. o/o	Le kilogr. N.	0 30	
Idem	6 p. o/o	Idem	0 11	
Idem	6 p. o/o	Idem	0 17	
Idem	6 p. o/o	Le kilogr. B.	0 06	
Idem	6 p. o/o	Le kilogr. N.	0 12	
Idem	6 p. o/o	Idem	0 72	
Idem	6 p. o/o	Idem	0 30	
Idem	6 p. o/o	Idem	0 18	
Idem	6 p. o/o	Le kilogr. B.	0 09	
Idem	6 p. o/o	Le kilogr. N.	0 30	
Idem	6 p. o/o	Idem	0 60	
100 kilogr. N.	6	100 kilogr. B.	6	
Idem	6	Idem	6	
Valeur.	12 p. o/o	Le kilogr. N.	0 60	
Idem	12 p. o/o	Idem	0 72	
Idem	12 p. o/o	Idem	0 60	
100 kilogr. N.	5	100 kilogr. B.	5	
Valeur.	6 p. o/o	Le kilogr. N.	0 24	
Idem	6 p. o/o	Idem	0 30	
Idem	10 p. o/o	Idem	0 50	
Idem	10 p. o/o	Idem	0 20	
Idem	10 p. o/o	Valeur.	10 p. o/o	
Idem	6 p. o/o	Le kilogr. N.	0 24	
100 kilogr. N.	15	100 kilogr. N.	15	
Valeur.	6 p. o/o	Idem	24	
C. de 12k500	1	C. de 12k500	1	
Valeur.	6 p. o/o	Le kilogr. N.	2 52	
Idem	6 p. o/o	Le kilogr. B.	0 10	
Idem	6 p. o/o	Le kilogr. N.	0 24	
Idem	6 p. o/o	Le kilogr. B.	0 06	
Idem	6 p. o/o	Idem	0 09	
100 litres.	2 50	100 litres.	2 50	
Idem	1 75	Idem	1 75	
Idem	7 50	Idem	7 50	
Idem	6	Idem	6	
Idem	17 50	Idem	17 50	
Idem	25	Idem	25	
Idem	15	Idem	15	
Idem	2	Idem	2	
Idem	3	Idem	3	
Idem	6 p. o/o	Idem	9	

2

DÉSIGNATION DES MARCHANDISES.				UNITÉS.	TAUX MOYEN d'évaluation.
Boissons distillées.	Eaux-de-vie	de mélasse (rhum et tafia)		Litre	0f 60
		de vin...................		Idem	2
		de cerises (kirsch).......		Idem	2
		de grains et de pommes de terre..............		Idem	2
	Liqueurs.................			Idem	2 25
Eaux minérales (cruchons compris).............				Kilogr.	0 70

Poteries.

			UNITÉS.	TAUX MOYEN d'évaluation.
Poterie de terre commune.	Jarres....	Grandes...............	Pièce	20
		Moyennes...............	Idem	15
		Petites................	Idem	5
	Creusets, carafes, objets de ménage, ustensiles de cuisine et autres objets cuits en dégourdi ou en grès.......		Kilogr.	0 35
Carreaux céramiques cuits en grès..............			Idem	0 40
Pipes de terre..................			Idem	0 60
Faïences......................			Idem	0 70
Porcelaines	communes.................		Idem	1 75
	fines....................		Idem	4 50

Verres et cristaux.

		UNITÉS.	TAUX MOYEN d'évaluation.
Glaces ayant de superficie	moins d'un demi-mètre carré.......	Kilogr.	3
	un demi-mètre carré inclusivement à un mètre carré exclusivement.....	Mètre carré	35
	un mètre carré ou plus............	Idem	50
Gobleterie de verre et de cristal	unie et moulée, blanche et unicolore.	Kilogr.	1 50
	taillée et gravée, décorée d'or et de couleur.................	Idem	4
Verres à vitre	ordinaires.................	Idem	0 80
	de couleur, gravés ou polis........	Idem	4
Verres de montre, de lunette et d'optique........		Idem	10
Vitrifications et émail en masses ou en tubes...		Idem	3
Vitrifications en grains, percés ou taillés, ou en pierres à bijoux, breloques colorées ou non, verre filé, boules et corail factice en verre.....		Idem	6
Bouteilles vides..................		Pièce	0 15
Dames-jeannes..................		Idem	1 50
Objets en verre non dénommés.............		Kilogr.	1

Fils.

				UNITÉS.	TAUX MOYEN d'évaluation.
Fils de lin ou de chanvre pur.	simples...	écrus.................		Idem	3
		blanchis ou teints........		Idem	9
	retors....	écrus.................		Idem	9
		blanchis ou teints........		Idem	12
	Fil à voile.................			Idem	1 80
Fils de lin ou de chanvre mélangés, le lin ou le chanvre dominant en poids..............				Idem	//
Fils de coton pur.	simples...	écrus.................		Idem	2 50
		blanchis.................		Idem	3 50
		teints ou chinés........		Idem	5
	retors....	en échevettes ordinaires.	écrus...	Idem	6
			blanchis.	Idem	8
			teints...	Idem	8

TARIF ACTUEL.		TARIF PROPOSÉ.		OBSERVATIONS.
Unités sur lesquelles portent les droits.	DROITS.	Unités sur lesquelles portent les droits.	DROITS.	
100 litres.	15f	100 litres	15f	(1) 4 pour 100 pour les pots en grès destinés à contenir des confitures.
Idem	15	Idem	15	(2) 4 pour 100 pour les flacons destinés à contenir des confitures.
Idem	15	Idem	15	(3) 1 fr. 40 cent. pour les pots en grès destinés à contenir des confitures.
Idem	15	Idem	15	(4) 0 fr. 04 cent. pour les flacons destinés à contenir des confitures.
Idem	15	Idem	15	(5) Même droit que pour les fils de lin ou de chanvre pur, suivant l'espèce.
Valeur	6 p. o/o	Idem	4 20	
Idem	6 p. o/o	Pièce	1 20	
Idem	6 p. o/o	Idem	0 90	
Idem	6 p. o/o	Idem	0 30	
Idem	6 p. o/o (1)	100 kilogr. B.	2 10(3)	
Idem	6 p. o/o	Idem	2 40	
Idem	6 p. o/o	Idem	3 60	
Idem	6 p. o/o	Idem	4 20	
Idem	10 p. o/o	100 kilogr. N.	17 50	
Idem	10 p. o/o	Idem	45	
Idem	10 p. o/o	Kilogr. N.	0 30	
Idem	10 p. o/o	Mètre carré	3 50	
Idem	10 p. o/o	Idem	5	
Idem	10 p. o/o	Kilogr. N.	0 15	
Idem	10 p. o/o	Idem	0 40	
Idem	10 p. o/o	Kilogr. B.	0 08	
Idem	10 p. o/o	Kilogr. N.	0 40	
Idem	10 p. o/o	Idem	1	
Idem	10 p. o/o	Idem	0 30	
Idem	10 p. o/o	Idem	0 60	
Idem	10 p. o/o	Pièce	0 02	
Idem	10 p. o/o	Idem	0 15	
Idem	10 p. o/o (2)	Kilogr. B.	0 10(4)	
Idem	6 p. o/o	Kilogr. N.	0 18	
Idem	6 p. o/o	Idem	0 54	
Idem	6 p. o/o	Idem	0 54	
Idem	6 p. o/o	Idem	0 72	
Idem	6 p. o/o	Idem	0 11	
Idem	6 p. o/o	Idem	(5)	
Idem	6 p. o/o	Idem	0 15	
Idem	6 p. o/o	Idem	0 21	
Idem	6 p. o/o	Idem	0 30	
Idem	6 p. o/o	Idem	0 36	
Idem	6 p. o/o	Idem	0 48	
Idem	6 p. o/o	Idem	0 48	

DÉSIGNATION DES MARCHANDISES.	UNITÉS.	TAUX MOYEN d'évaluation.
Fils de coton pur. Retors.... fabriqués, c'est-à-dire mis en pelotes, bobines, petits écheveaux, cartes ou autres formes de mercerie, écrus blanchis ou teints.................	Mille mètres de longueur en fil simple.	0f 30
Fils de coton mélangé, le coton dominant en poids..	Kilogr.	#
Fils de jute, de phormium tenax, d'abacca et d autres végétaux filamenteux non dénommés, purs ou mélangés, écrus, blanchis ou teints............	Idem	1 50
Fils de laine ou de poils purs ou mélangés. simples. blanchis ou non teints........	Idem	10
	Idem	12
retors.. blanchis on non teints........	Idem	15
	Idem	20
Fils de bourre de soie, écrus, blanchis, azurés ou teints. simples.......	Idem	25
retors........	Idem	30

Tissus.

DÉSIGNATION DES MARCHANDISES.	UNITÉS.	TAUX MOYEN d'évaluation.
Tissus de lin ou de chanvre pur. unis ou ouvrés présentant en chaîne et en trame dans l'espace de 5 millimètres carrés après division du total par 2. écrus... 6 fils ou moins à 12 fils.....	Idem	6
13 à 17 fils....	Idem	9
18 fils et plus.	Idem	12
blanchis teints ou imprimés 6 fils ou moins à 12 fils.....	Idem	9
13 à 17 fils....	Idem	12
18 fils et plus.	Idem	18
Toile cirée pour emballage ou pour tout autre usage..................	Idem	4
Toiles damassées pour literie et ameublement. écrues........	Idem	7
crémées blanchies ou mélangées de fils blancs ou teints.......	Idem	10
Linge de table damassé présentant en chaine dans l'espaée de 5 millimètères carrés. écru.... 12 fils ou moins à 17 fils.....	Idem	15
18 à 20 fils.....	Idem	23
plus de 20 fils.	Idem	39
chiné blanchi ou mélangé de fils blancs ou teints. 12 fils ou moins à 17 fils.....	Idem	20
18 à 20 fils....	Idem	32
plus de 20 fils.	Idem	54
Toile croisée grossière dite treillis.....	Idem	4
Coutils ..... écrus.................	Idem	8
crémés, blancs ou mélanges de fils écrus et de fils blanchis ou teints..	Idem	10
Passementerie et rubannerie. écrue, bise ou herbée...	Idem	8
crémée, blnchaie ou teintes.	Idem	12
Bonneterie.................	Idem	18
Batiste et limon..............	Idem	100
Dentelles et guipures de lin...........	Idem	100

TARIF ACTUEL.		TARIF PROPOSÉ.		OBSERVATIONS.
Unités sur lesquelles portent les droits.	DROITS.	Unités sur lesquelles portent les droits.	DROITS.	
Valeur.	6 p. o/o	Mille mètres de longueur en fil simple.	0f 02	
idem	6 p. o/o	Kilogr.	(1)	(1) Même droit que pour les fils de coton pur selon l'espèce.
idem	6 p. o/o	Kilogr. B.	0 09	
idem	6 p. o/o	Kilogr. N.	0 60	
idem	6 p. o/o	idem	0 72	
idem	6 p. o/o	idem	0 90	
idem	6 p. o/o	idem	1 20	
idem	6 p. o/o	idem	1 50	
idem	6 p. o/o	idem	1 80	
idem	10 p. o/o	100 kilogr. N.	60	
idem	10 p. o/o	idem	90	
idem	10 p. o/o	idem	120	
idem	10 p. o/o	idem	90	
idem	10 p. o/o	idem	120	
idem	10 p. o/o	idem	180	
idem	10 p. o/o	idem	40	
idem	10 p. o/o	idem	70	
idem	10 p. o/o	idem	100	
idem	10 p. o/o	idem	150	
idem	10 p. o/o	idem	230	
idem	10 p. o/o	idem	390	
idem	10 p. o/o	idem	200	
idem	10 p. o/o	idem	320	
idem	10 p. o/o	idem	540	
idem	10 p. o/o	idem	40	
idem	10 p. o/o	idem	80	
idem	10 p. o/o	idem	100	
idem	10 p. o/o	idem	80	
idem	10 p. o/o	idem	120	
idem	10 p. o/o	idem	280	
idem	10 p. o/o	Le kilogr. N.	10	
idem	10 p. o/o	idem	10	

DÉSIGNATION DES MARCHANDISES.			UNITÉS.	TAUX MOYEN d'évaluation.
Tissus de lin ou de chanvre pur. (Suite.)	Tulle		Kilogr.	50f
	Mouchoirs brodés et autres broderies sur tissus de lin.		Idem	300
Tissus de lin ou de chanvre mélangé, le lin ou le chanvre dominant en poids			Idem	"
Tissus de jute, de phormium tenax, d'abacca et d'autres végétaux filamenteux non dénommés.	écrus		Idem	1 50
	blanchis ou teints		Idem	2
	tapis ras ou à poils		Idem	2
Toiles, percales, calicots et coutils.	écrus et blancs		Idem	5
	teints		Idem	8
	imprimés		Idem	7
Nankin			Idem	13
Tissus fabriqués en tout ou en partie avec des fils teints.	mouchoirs	Madras	Pièce de 8.	22
		Vendapolam...	Idem	12
	autres		Kilogr.	8
Brillantés ou façonnés. Piqués (couverture et couvre-pieds en piqués et reps.)				
Basins. Damassées et linge de table			Idem	8
Chales et mouchoirs			Idem	8
Couvertures			Idem	2 50
Bonneterie			Idem	18
Passementerie et rubannerie			Idem	15
Tulle			Idem	35
Gaze			Idem	20
Dentelles et blondes			Idem	50
	unies		Idem	18
Mousselines..	brochées ou brodées au crochet pour ameublement, tenture ou vêtement		Idem	16
Velours.....	façon soie dits velvets écrus teints ou imprimés....		Idem	16
	autres. Cords moleskins, etc., écrus, teints ou imprimés.		Idem	10
Mèches de lampes et mèches tressées pour bougies			Idem	6
	pour emballage		Idem	5
Toiles cirées.	pour ameublement, tentures et autres usages..		Idem	6
	Moleskine-cuir		Idem	7
Tissus de coton......	mélangé, le coton dominant en poids			"
	autres		Idem	8
Tissus de laine pure..	Drap, casimirs et autres tissus foulés et tissus ras non foulés		Idem	18
	Tapis de toute espèce		Idem	14
	Bonneterie		Idem	28
	Passementerie et rubannerie		Idem	35
	Tapisserie		Idem	35

Tissus de coton pur.

TARIF ACTUEL.		TARIF PROPOSÉ.		OBSERVATIONS.
Unités sur lesquelles portent les droits.	DROITS.	Unités sur lesquelles portent les droits.	DROITS.	
Valeur.	10 p. o/o	Le kilogr. N.	5	(1) 1 60 p. o/o pour les toiles dites jutes ou autres propres à la confection des sacs.
Idem	10 p. o/o	Idem	30	(2) Droit des tissus de lin ou de chanvre, suivant l'espêce.
Idem	10 p. o/o	100 kilogr. N.	(2)	(3) 2 40 p. o/o pour les toiles dites jutes ou autres propres à la confection des sacs.
Idem	10 p. o/o (1)	Idem	15 (3)	(4) Même droit que pour les tissus de coton pur suivant l'espèce.
Idem	10 p. o/o	Idem	20	
Idem	10 p. o/o	Idem	20	
Idem	8 p. o/o	Idem	40	
Idem	8 p. o/o	Idem	64	
Idem	8 p. o/o	Idem	56	
Idem	8 p. o/o	Idem	104	
Pièce de 8.	4	Pièce de 8.	4	
Idem	2	Idem	2	
Valeur.	8 p. o/o	100 kilogr. N.	64	
Idem	8 p. o/o	Idem	64	
Idem	8 p. o/o	Idem	64	
Idem	8 p. o/o	Idem	20	
Idem	8 p. o/o	Idem	144	
Idem	8 p. o/o	Idem	120	
Idem	8 p. o/o	Le kilogr. N.	2 80	
Idem	8 p. o/o	Idem	1 60	
Idem	8 p. o/o	Idem	4	
Idem	8 p. o/o	Idem	1 44	
Idem	8 p. o/o	Idem	1 28	
Idem	8 p. o/o	Idem	1 28	
Idem	8 p. o/o	Idem	0 80	
Idem	8 p. o/o	Idem	0 48	
Idem	8 p. o/o	100 kilogr. N.	40	
Idem	8 p. o/o	Idem	48	
Idem	8 p. o/o	Idem	56	
Idem	8 p. o/o	Idem	(4)	
Idem	8 p. o/o	Idem	64	
Idem	10 p. o/o	Idem	180	
Idem	10 p. o/o	Idem	140	
Idem	10 p. o/o	Idem	280	
Idem	10 p. o/o	Idem	350	
Idem	10 p. o/o	Idem	350	

DÉSIGNATION DES MARCHANDISES.	UNITÉS.	TAUX MOYEN d'évaluation.
Tissus de laine pure... { Châles brochés ou façonné autres que les cachemires de l'Inde........	Kilogr.	33f
Mérinos................	idem	20
Toile à blutoir..........	idem	20
Étoffes diverses..........	idem	20
Couvertures.............	idem	10
Chaussons de lisière et chaussons fourrés dits de *Strasbourg*.............	idem	10
Tissus de laine mélangée, la laine dominant en poids.	idem	.
Tissus d'alpaga, de lama, de vigogne, de yack ou de poil de chameau mélangés ou non.............	idem	.
Tissus de poil de chèvre purs ou mélangés. { fabriqués { à la main. { Châles de cachemire. { long...	Pièce.	250
carrés.	idem.	180
autres.............	Kilogr.	90
au métier.............	idem	90
Autres tissus de poils purs ou mélangés d'autres filaments, le poil dominant en poids.............	idem	4
Tissus de crin (passementeries et autres purs ou mélangés, le crin dominant en poids.............	idem	25
Tissus de soie et de bourre de soie. { Tissus de soie pure. { unis.............	idem	90
façonnés ou brochés.	idem	140
Tissus de soie mélangés d'or et d'argent............. { fin......	idem	180
faux.....	idem	90
Tissus de soie mélangés d'autres matières..... { unis.............	idem	80
façonnés ou brochés.	idem	110
Gaze et crèpe de soie pure ou mélangés.............	idem	160
Tulle de soie.............	idem	60
Dentelles de soie dites *blondes*.......	idem	100
Tissus de bourre, de soie. { pure........ { Foulards.	Pièce de 7	18
Autres..	Kilogr.	60
mélangée... { Foulards.	Pièce de 7	10
Autres ..	Kilogr.	55
Bonneterie de soie ou de bourre de soie	idem	100
Passementrie. { d or et d'argent { Fin.....	idem	290
Faux....	idem	25
de soie pure..........	idem	90
de soie mélangée......	idem	45
Rubans..... { de soie pure. { Velours.	idem	130
Autres..	idem	120
de soie mélangée. { Velours.	idem	60
Autres..	idem	80
Vêtements, pièces de lingerie et autres articles en tissus confectionnés en tout ou en partie........	idem	.

Papiers et ses applications.

DÉSIGNATION DES MARCHANDISES.	UNITÉS.	TAUX MOYEN d'évaluation.
Papier ..... { dit de fantaisie, colorié, marbré, gaufré recouvert ou non de métal........	idem	6
à lettre de toute espèce et de tout format..............	idem	4
autre de toute sorte......	idem	3

TARIF ACTUEL.		TARIF PROPOSÉ.		OBSERVATIONS.
Unités sur lesquelles portent les droits.	DROITS.	Unités sur lesquelles portent les droits.	DROITS.	
Valeur.	10 p. o/o	100 kilogr. N.	330f	(1) Vêtements grossiers pour cultivateurs. Autres 10 p. o/o,
idem	10 p. o/o	idem	200	(2) Même droit que les tissus de laine pure.
idem	10 p. o/o	idem	200	(3) Même droit que les tissus de laine pure.
idem	10 p. o/o	idem	200	(4) Droits du tissu le plus fortement imposé, augmen-
idem	10 p. o/o	idem	100	tés de 10 p. o/o. Cette taxe supplémentoire de 10 p. o/o
idem	10 p. o/o	idem	100	n'est pas applicable aux vêtements grossiers pour
idem	10 p. o/o	idem	(2)	cultivateurs et aux sacs de ute et d'autres tissus
idem	10 p. o/o	idem	(3)	spécialement destnés aux denrées exportables.
idem	10 p. o/o	Pièce.	25	
idem	10 p. o/o	idem	18	
idem	10 p. o/o	Le kilogr. N.	9	
idem	10 p. o/o	idem	9	
idem	10 p. o/o	idem	0 40	
idem	10 p. o/o	idem	2 50	
idem	15 p. o/o	idem	13 50	
idem	15 p. o/o	idem	21	
idem	15 p. o/o	idem	27	
idem	15 p. o/o	idem	13 50	
idem	15 p. o/o	idem	12	
idem	15 p. o/o	idem	16 50	
idem	15 p. o/o	idem	24	
idem	15 p. o/o	idem	9	
idem	15 p. o/o	idem	15	
idem	15 p. o/o	Pièce de 7	2 70	
idem	15 p. o/o	Kilogr. N.	9	
idem	15 p. o/o	Pièce de 7	1 50	
idem	15 p. o/o	Kilogr. N.	8 25	
idem	15 p. o/o	idem	16 50	
idem	15 p. o/o	idem	43 50	
idem	15 p. o/o	idem	3 75	
idem	15 p. o/o	idem	13 50	
idem	15 p. o/o	idem	6 75	
idem	15 p. o/o	idem	19 50	
idem	15 p. o/o	idem	18	
idem	15 p. o/o	idem	9	
idem	15 p. o/o	idem	12	
idem	6 p. o/o (1)	idem	(4)	
idem	6 p. o/o	idem	36	
idem	6 p. o/o	idem	24	
idem	6 p. o/o	idem	18	

DÉSIGNATIONS DES MARCHANDISES.			UNITÉS.	TAUX MOYEN d'évaluation.
Carton...	en feuilles......................		Kilogr.	2f
	moulé, dit papier mâché...............		idem	3
	coupé et assem-blé.	en boîtes recouvertes avec du papier blanc ou de couleur..	idem	4
		albums et cartonnages, décorés de peintures, étoffes, bois, paille tressée, métaux communs..	idem	10
Livres....	de bibliothèques particulières et publiques		idem	8
	autres...........................		idem	8
Gravures, estampes, lithographies, photographies et dessins de toutes sortes sur papier.............			idem	40
Cartes géographiques ou marines.................			idem	18
Musique gravée ou imprimée.....................			idem	10
Étiquettes imprimées, gravées ou coloriées........			idem	6
Cartes à jouer...............................			Grosse	35
Peaux et pelleteries ouvrées.				
Peaux préparées.	Grandes pour semelles...............		Kilogr.	4
	Veau ciré.........................		idem	10
	Maroquinées, vernissées.............		idem	12
	Basanes		idem	6
	Bottes		La paire	18
	Bottines pour hommes et pour femmes..		idem	12
	Souliers...........................		idem	8
	Pantoufles recouvertes ou non d'étoffe.		idem	3
	Chaussures pour enfants (ne dépassant par 15 centimètres de longueur extérieure).........................		idem	6
	Gants.............................		Douzaine	30
Ouvrages en peau ou en cuir	Articles de sellerie fine (autres que selles).............................		Kilogr.	16
	Selles .	pour hommes	Pièce	80
		pour femmes...............	idem	100
	Articles de bourellerie (harnais pour les chevaux de gros trait)...............		Kilogr.	5
	courroies de transmission............		idem	6
	Tuyaux de cuir.....................		idem	6
	Malles en bois ou en carton recouvertes en cuir...........................		idem	8
	Maroquinerie......................		idem	16
	Autres...........................		idem	10
Pelleteries préparées, ouvrées ou confectionnées.			idem	25
Ouvrages en métaux.				
Orfévrerie.	d'or, de platines ou de vermeille......		Gramme	0 70
	d'argent...........................		idem	0 50
Bijouterie.	d'or ou de platines, ornée de pierres ou de perles fines................		idem	17
	d'or ou de platines, autres...........		idem	7
	d'argent, ornée de pierres ou de peerles fines		idem	10
	d'argent, autres		idem	0 50
Plaqués et orfévrerie en métaux autres que l'or, l'argent et le platine.................			Kilogr.	26
Bijouterie en métaux autre que l'or, l'argent et le platine....................................			Gramme	0 30

TARIF ACTUEL.		TARIF PROPOSÉ.		OBSERVATIONS.
Unités sur lesquelles portent les droits.	DROITS	Unités sur lesquelles portent les droits.	DROITS.	
Valeur	6 p. o/o	100 Kilogr. N.	12f	
idem	6 p. o/o	idem	18	
idem	6 p. o/o	idem	24	
idem	6 p. o/o	idem	60	
idem	Exempts	idem	Exempts	
idem	6 p. o/o	idem	48	
idem	6 p. o/o	idem	240	
idem	6 p. o/o	idem	108	
idem	6 p. o/o	idem	60	
idem	6 p. o/o	idem	36	
idem	6 p. o/o	Grosse	2 10	
idem	10 p. o/o	100 kilogr. N.	40	
idem	10 p. o/o	idem	100	
idem	10 p. o/o	idem	120	
idem	10 p. o/o	idem	60	
idem	10 p. o/o	La paire	1 80	
idem	10 p. o/o	idem	1 20	
idem	10 p. o/o	idem	0 80	
idem	10 p. o/o	idem	0 30	
idem	10 p. o/o	idem	0 60	
idem	10 p. o/o	Douzaine	3	
idem	10 p. o/o	100 kilogr. N.	160	
idem	10 p. o/o	Pièce	8	
idem	10 p. o/o	idem	10	
idem	10 p. o/o	100 kilogr. N.	50	
idem	10 p. o/o	idem	60	
idem	10 p. o/o	idem	60	
idem	10 p. o/o	idem	80	
idem	10 p. o/o	idem	160	
idem	10 p. o/o	idem	100	
idem	10 p. o/o	idem	250	
idem	6 p. o/o	100 gram. N.	4 20	
idem	6 p. o/o	idem	3	
idem	6 p. o/o	idem	102	
idem	6 p. o/o	idem	42	
idem	6 p. o/o	idem	60	
idem	6 p. o/o	idem	3	
idem	6 p. o/o	Kilogr. N.	1 56	
idem	6 p. o/o	100 gram. N.	1 80	

DÉSIGNATION DES MARCHANDISES.				UNITÉS.	TAUX MOYEN d'évaluation.
Hor-logerie	Ouvrages montés	Montres	à boîte d'or.........	Pièce.	200f
			à boîte d'argent.....	idem	40
			à boîte de métal commun............	idem	20
		Horloges	pour ameublement { en bois	Kilogr.	5
			pour ameublement { autres.	idem	10
			pour édifices........	idem	3
		Carillons à musique.........		idem	10
	Fournitures à l'état brut.............			idem	50
Machines et mécaniques appareils complets	à vapeur.	fixes.....................		idem	2
		pour la navigation..........		idem	3
		locomotives...............		idem	2 50
		locomobiles...............		idem	1 50
		tenders de locomotives......		idem	1
	autres qu'à vapeur.	à imprimer................		idem	1 50
		pour l'agriculture (moteurs non compris)............		idem	1
		Chaudières à vapeur { en tôle de fer de toute forme............		idem	1 50
		Chaudières à vapeur { en tôle d'acier de toute forme............		idem	2 50
		Gazomètres, chaudières découvertes en tôle ou en fonte et tôle....................		idem	1 20
		Appareils à sucre, à distiller, de chauffage, en cuivre........		idem	2 50
		Machines à coudre...........		idem	1 50
		Machines-outils et machines non dénommées..............		idem	1 50
Machines et mécaniques pièces détachées	en fonte et fer forgé, polies, limées et ajustées ou non (y compris les essieux, ressorts et bandages de roues)......			idem	1 50
	en acier forgé.	ressorts pour carrosserie, wagons et locomotives........		idem	2 50
		autres polies, limées, ajustées ou non (y compris les essieux et bandages de wagons et locomotives		idem	2 50
	en cuivre pur ou allié de tous autres métaux....................			idem	4
Outils emmanchés ou non	en fer pur.................			idem	1 50
	en fer rechargé d'acier.......			idem	2 50
	en acier pur...............			idem	4
	en cuivre..................			idem	5
Caractères d'imprimerie.....................				idem	4 50
Clichés avec ou sans dessins...............				idem	30
Planches et coins gravés pour impression sur papier.				idem	11
Toiles métalliques	en fer ou en acier...........			idem	3 20
	en cuivre ou en laiton........			idem	9
Grillages en fer ou en acier...................				idem	3
Aiguilles à coudre.......................				idem	18
Broches à tricoter, passe-lacets et autres objets analogues non dénommés, en acier, fer ou cuivre				idem	3 50

TARIF ACTUEL.		TARIF PROPOSÉ.		OBSERVATIONS.
Unités sur lesquelles portent les droits.	DROITS.	Unités sur lesquelles portent les droits.	DROITS,	
Valeur.	6 p. o/o	Pièce.	12f	
idem	6 p. o/o	idem	2 40	
idem	6 p. o/o	idem	1 20	
idem	6 p. o/o	100 kilogr. N.	30	
idem	6 p. o/o	idem	60	
idem	6 p. o/o	idem	18	
idem	6 p. o/o	idem	60	
idem	6 p. o/o	idem	300	
idem	3 p. o/o (1) / Aut. 6 p. o/o	idem / idem	6 (1) / 12	(1) Pour l'agriculture et la fabrication des denrées.
idem	6 p. o/o	idem	18	(2) Pour l'agriculture.
idem	3 p. o/o (2) / Aut. 6 p. o/o	idem / idem	7 50 (2) / 15	
idem	3 p. o/o	idem	4 50	
idem	3 p. o/o (2) / Aut. 6 p. o/o	idem / idem	3 (2) / 6	
idem	6 p. o/o	idem	9	
idem	3 p. o/o	idem	3	
idem	3 p. o/o (2) / Aut. 6. p. o/o	idem / idem	4 50 (2) / 9	
idem	3 p. o/o (2) / Aut. 6 p. o/o	idem / idem	7 50 (2) / 15	
idem	3 p. o/o (2) / Aut. 6 p. o/o	idem / idem	3 60 (2) / 7 20	
idem	3 p. o/o	idem	7 50	
idem	6 p. o/o	idem	9	
idem	3 p. o/o (2) / Aut. 6. p. o/o	idem / idem	4 50 (2) / 9	
idem	3 p. o/o (2) / Aut. p. 6 o/o	idem / idem	4 50 (2) / 9	
idem	3 p. o/o(2) / Aut. 6 p. o/o	idem / idem	7 50 (2) / 15	
idem	3 p. o/o (2) / Aut. 6 p. o/o	idem / idem	7 50 (2) / 15	
idem	3p. o/o (2) / Aut. 6 p. o/o	idem / idem	12 (2) / 24	
idem	6 p. o/o	100 kilogr. B.	9	
idem	6 p. o/o	100 kilogr. N.	15	
idem	6 p. o/o	idem	24	
idem	6 p. o/o	idem	30	
idem	6 p. o/o	idem	27	
idem	6 p. o/o	Le kilogr. N.	1 80	
idem	6 p. o/o	idem	0 66	
idem	6 p. o/o	100 Kilogr. N.	19 20	
idem	6 p. o/o	idem	54	
idem	6 p. o/o	idem	18	
idem	6 p. o/o	Le kilogr. N.	1 03	
idem	6 p. o/o	idem	0 21	

DÉSIGNATION DES MARCHANDISES.			UNITÉS.	TAUX MOYEN d'évaluation.
Épingles			Kilogr.	5
Hameçons			idem	7 50
Plumes en métal autre que l'or et l'argent			idem	10 50
Coutellerie	commune.	Couteaux de cuisine, de boucher et ciseaux de tailleur communs	idem	8 50
		Rasoirs communs	idem	17
		Autres	idem	24
	fine		idem	40
Cylindres en cuivre pour impression, gravés ou non			idem	4 20
Ouvrages en fonte moulée.		non tournés ni polis	idem	0 25
		polis ou tournés	idem	0 50
		étamés, émaillés ou vernissés	idem	0 80
Objets bruts en fonte malléable			idem	0 60
Ouvrages en fer.		Ferronnerie	idem	0 60
		Serrurerie	idem	2 50
		Ancres, câbles et chaînes	idem	0 80
		Clous forgés	idem	0 70
		Vis à bois, pitons ou crochets munis de pas de vis, boulon et écrous	idem	0 70
		Tubes de tous diamètres	idem	1
		Articles de ménage et tous autres ouvrages non dénommés en fer ou en tôle, polis ou peints. étamés, émaillés ou vernissés	idem	1 50
Ouvrages en acier.		Câbles en fil d'acier	idem	2 50
		Petits objets en acier (tels que perles, coulants, broches, dés à coudre)	idem	3
		articles de ménage et autres ouvrages en acier pur non dénommés	idem	3
Ovrages en fonte et fer		non polis	idem	0 40
		polis, émaillés ou vernissés	idem	1
Ouvrages en cuivre pur ou allié de zinc ou d'étain		Chaudronnerie	idem	6
		Objets d'art et d'ornement et autres ouvrages	idem	25
Tuyaux et autres ouvrages en plomb de toute sorte y compris le plomb de chasse (grenailles et balles).			idem	1
Poteries et autres ouvrages en étain pur ou allié d'antimoine			idem	11
Ouvrages en zinc de toute espèce			idem	5
Ouvrages en nickel allié au cuivre ou au zinc (argentan)			idem	14
Armes, poudres et munitions.				
Armes..		de guerre	idem	»
	de commerce.	blanches	idem	12
		à feu.. se chargeant par la bouche	idem	15
		se chargeant par la culasse	idem	25
Poudre à tirer		de mine	idem	2 50
		de chasse	idem	5

TARIF ACTUEL.		TARIF PROPOSÉ.		OBSERVATIONS.
Unités sur lesquelles portent les droits.	DROITS.	Unités sur lesquelles portent les droits.	DROITS.	
Valeur	6 p. o/o	Le kilogr. N.	0f 30	
idem	6 p. o/o	idem	0 45	
idem	6 p. o/o	idem	0 63	(1) 3 pour 100 pour les pièces de charpente destinées aux constructions.
idem	10 p. o/o	idem	0 85	(2) 4 pour 100 pour les boîtes en ferblanc destinées à contenir des conserves d'ananas.
idem	10 p. o/o	idem	1 70	
idem	10 p. o/o	idem	2 40	
idem	10 p. o/o	idem	4	
idem	6 p. o/o	idem	0 25	(3) Pour les troupes, exemptes.
idem	6 p. o/o	100 kilogr. B.	1 50	
idem	6 p. o/o	idem	3	(4) 1 fr. 80 cent. pour les pièces de charpente destinées aux constructions.
idem	6 p. o/o	idem	4 80	
idem	6 p. o/o	idem	3 60	
idem	6 p. o/o (1)	idem	3 60 (4)	(5) 6 francs pour les boîtes en ferblanc destinées à contenir des confitures.
idem	6 p. o/o	100 kilogr. N.	15	
idem	6 p. o/o	100 kilogr. B.	4 80	
100 kilogr.	3f	idem	3	
idem	6 p. o/o	idem	4 20	
idem	6 p. o/o	idem	6	
idem	6 p. o/o (2)	idem	9 (5)	
Valeur	6 p. o/o	100 kilogr. N.	15	
idem	6 p. o/o	Le kilogr. N.	0 18	
idem	6 p. o/o	idem	0 18	
idem	6 p. o/o	100 kilogr. B.	2 40	
idem	6 p. o/o	idem	6	
idem	6 p. o/o	100 kilogr. N.	36	
idem	6 p. o/o	Le kilogr. N.	1 50	
idem	6 p. o/o	100 kilogr. B.	6	
idem	6 p. o/o	100 kilogr. N.	66	
idem	6 p. o/o	idem	30	
idem	6 p. o/o	Le kilogr. N.	0 84	
»	Prohibées(3)	»	Prohibées(3)	
Valeur	15 p. o/o	Le kilogr. N.	1 80	
idem	15 p. o/o	idem	2 25	
idem	15 p. o/o	idem	3 75	
idem	10 p. o/o	idem	0 25	
idem	10 p. o/o	idem	0 50	

DÉSIGNATION EES MARCHANDISES.	UNITÉS.	TAUX MOYEN d'évaluation.
Capsules de poudre fulminante.. { de guerre.....	K'logr.	"
{ de chasse......	idem	12
Car-touches. { de guerre....................	idem	"
de chasse. { pleines...............	idem	10
vides (enveloppes de car-touches amorcées ou non)...	idem	6
Projectiles....................	idem	"
Artifices pour divertissement.................	idem	12

Meubles.

	UNITÉS.	TAUX MOYEN
Meubles { en bois courbé, montés ou non montés......	idem	0 85
autres qu'en bois courbé. { siéges { sans sculpture, ni marqueterie ni ornements de cuivre.... { en bois communs....	idem	0 85
en bois d'ébénisterie..	idem	1 20
sculptés ou marquetés ou ornés de cuivre, de toute espèce de bois...........	idem	1 80
autres que siéges { plaqués { sans sculpture, ni marqueterie, etc......	idem	1 20
sculptés, marquetés, etc..............	idem	3
massifs { en bois commun....	idem	0 60
en bois d'ébénisterie. { avec ou sans moulures mais non sculptés ni marquetés, etc......	idem	1 20
sculptés, marquetés, etc.	idem	2 10
garnis et recouverts de toute espèce......	idem	"
Cadres, baguettes en bois, de toute nature, et en bois doré............................	idem	1 80

Ouvrages en bois.

Boucauts en bottes....................	Pièce.	10 50
Futailles vides, cerclées en fer ou en bois............... { Tierçons et barriques.......	idem	5
Quarts et quartauts........	idem	2
Balais communs....................	idem	0 20
Pèces de charpente et de charronnage façonnées...	Kilogr.	0 50
Sabots....................	idem	0 60
Boissellerie grossière et fine..................	idem	0 60
Autres ouvrages en bois..................	idem	0 50

Instruments de musique.

Pianos....................	Pièce.	600
Harmoniums et harmoniflûtes pesant.................. { moins de 60 kil.	idem	125
de 60 kilogr. et au-dessus....	idem	300

TARIF ACTUEL.		TARIF PROPOSÉ.		OBSERVATIONS.
Unités sur lesquelles portent les droits.	DROITS.	Unités sur lesquelles portent les droits.	DROITS.	
*"	Prohibées(1)	*"	Prohibées(1)	(1) Pour les troupes exemptes.
Valeur.	6 p. o/o	Le kilogr. N.	0 72	(2) En sus des droits ci-dessus, suivant la catégorie.
*"	Prohibées)1)	*"	Prohibées(1)	
Valeur.	10 p. o/o	Le kilogr. N.	1	
idem	6 p. o/o	idem	0 36	
*"	Prohibées(1)	*"	Prohibées(1)	
Valeur.	10 p. o/o	Le kilogr. N.	1 20	
idem	10 p. o/o	100 kilogr. B.	8 50	
idem	10 p. o/o	idem	8 50	
idem	10 p. o/o	100 kilogr. N.	12	
idem	10 p. o/o	idem	18	
idem	10 p. o/o	idem	12	
idem	10 p. o/o	idem	30	
idem	10 p. o/o	100 kilogr. B.	6	
idem	10 p. o/o	100 kilogr. N.	12	
idem	10 p. o/o	idem	21	
idem	10 p. o/o	100 kilogr.	10 p. o/o (2)	
idem	10 p. o/o	idem	18	
Pièce.	0 30	Pièce.	0 30	
Valeur.	4 p. o/o	idem	0 20	
idem	4 p. o/o	idem	0 08	
idem	6 p. o/o	idem	0 01	
idem	6 p. o/o	100 kilogr. B.	3	
idem	6 p. o/o	idem	3 60	
idem	6 p. o/o	idem	3 60	
idem	6 p. o/o	idem	3	
idem	10 p. o/o	Pièce.	60	
idem	10 p. o/o	idem	12 50	
idem	10 p. o/o	idem	30	

DÉSIGNATION DES MARCHANDISES.	UNITÉS.	TAUX MOYEN d'évaluation.
Orgues d'église...........................	Pièce.	'
Orgues à manivelle à plusieurs jeux............	idem	180f
Sérinettes ou petites orgues à manivelle..........	idem	25
Vielle..................................	idem	35
Violons, altos, guitares....................	idem	25
Violoncelles.............................	idem	50
Contre-basse............................	idem	100
Petites flûtes, flageolets et musettes. { à une seule clef........	Douz.	18
{ à plusieurs clefs......	Pièce.	12
Flûtes........... { à une clef..............	idem	3
{ à plusieurs clefs...........	idem	12
Hautbois, clarinettes, cors anglais.............	idem	25
Ophicléides..............................	idem	50
Bassons, saxophones et instruments de cuivre à six pistons.............................	idem	150
Cornes et cornets d'appel en corne ou en cuivre.....	idem	4
Cors et trompes de chasse....................	idem	20
Cornets à trois pistons, cors à clefs et à piston, néocros, trompettes d'harmonie.................	idem	45
Saxhorns, trombones, buccins, bugles............	idem	45
Chapeaux chinois, grosses caisses, tambours, carillons, timbales...........................	idem	30
Tambourins, tambours de basques, triangles, métallophones...............................	idem	6
Castagnettes.............................	Paire.	6
Cymbales...............................	idem	18
Harmonicas à bouches en bois et en métal et guimbarde.................................	'	'
Accordéons..............................	Pièce.	12
Boîtes à musique..........................	'	'
Accessoires et pièces détachées d'instruments de musique. { Métronomes................	Pièce.	12
{ Archets garnis ou non. { simples...........	idem	4
{ riches avec incrustations...	idem	8
{ Anches, embouchures et becs pour instruments à vent............	Douz.	6
{ Etius en tous genres pour instruments...	'	'
{ Non dénommés...............	"	'

Ouvrages de sparerie, de vannerie et de corderie.

DÉSIGNATION DES MARCHANDISES.	UNITÉS.	TAUX MOYEN d'évaluation.
Nattes . { fines......................	Pièce.	3
{ communes..................	idem	2
Tapis en coco, aloês ou en sparte..............	Kilogr.	2
Vannerie. { en végétaux bruts ou en rubans de bois..	idem	1
{ fine, d'osier, de paille ou d'autres fibres..	idem	5
Chapeaux { de paille { non garnis..............	Pièce.	4
{ d'Italie et leurs similaires. { garnis { pour hommes......	idem	6
{ pour femmes.......	idem	'
{ de fibres de palmier dit *Panamas* et leurs similaires..................	idem	10
{ de latanier dit *Curaçao* et tous autres de fabrication grossière...............	idem	0 60
Cordages { écrus, blancs ou goudronnés..........	Kilogr.	1 40
{ Ficelles, filets et lignes de pêches.........	idem	2

TARIF ACTUEL.		TARIF PROPOSÉ.		OBSERVATIONS.
Unités sur lesquelles portent les droits.	DROITS.	Unités sur lesquelles portent les droits.	DROITS.	
Valeur.	Exemptes	Pièce.	Exemptes.	
idem	10 p. o/o	idem	18	
idem	10 p. o/o	idem	2 50	
idem	10 p. o/o	idem	3 50	
idem	10 p. o/o	idem	2 50	
idem	10 p. o/o	idem	5	
idem	10 p. o/o	idem	10	
idem	10 p. o/o	Douz.	1 80	
idem	10 p. o/o	Pièce.	1 20	
idem	10 p. o/o	idem	0 30	
idem	10 p. o/o	idem	1 20	
idem	10 p. o/o	idem	2 50	
idem	10 p. o/o	idem	5	
idem	10 p. o/o	idem	15	
idem	10 p. o/o	idem	0 40	
idem	10 p. o/o	idem	2	
idem	10 p. o/o	idem	4 50	
idem	10 p. o/o	idem	4 50	
idem	10 p. o/o	idem	3	
idem	10 p. o/o	idem	0 60	
idem	10 p. o/o	Paire.	0 60	
idem	10 p. o/o	idem	1 80	
idem	10 p. o/o	″	(1)	
idem	10 p. o/o	″	1 20	
idem	10 p. o/o	″	(2)	
idem	10 p. o/o	Pièce.	1 20	
idem	10 p. o/o	idem	0 40	
idem	10 p. o/o	idem	0 80	
idem	10 p. o/o	idem	0 60	
idem	10 p. o/o	″	(3)	
idem	10 p. o/o	″	(4)	
idem	6 p. o/o	Pièce.	0 18	
idem	6 p. o/o	idem	0 12	
idem	6 p. o/o	Kilogr. N.	0 12	
idem	6 p. o/o	Kilogr. B.	0 06	
idem	6 p. o/o	Kilogr. N.	0 30	
idem	10 p. o/o	Pièce.	0 40	
idem	10 p. o/o	idem	0 60	
idem	12 p. o/o	idem	(5)	
idem	10 p. o/o	idem	1	
idem	8 p. o/o	idem	0 05	
100 kilogr.	7	100 kilogr. B.	7	
idem	10	idem	10	

(1) Régime de la bimbeloterie.

(2) Régime de l'horlogerie.

(3) Régime des ouvrages en peau, en carton, etc., selon l'espèce.

(4) Régime des ouvrages en bois, en métal, etc., selon la matière dont ils sont formés.

(5) Régime des ouvrages de modes (12 p. o/o).

DÉSIGNATION DES MARCHANDISES.				UNITÉS.	TAUX MOYEN d'évaluation.
Ouvrages en matières diverses.					
Carrosserie.	Carrosserie proprement dite,	Voitures.	à deux places.	entièrement ou à demi-couvertes (à capote fixe ou mobile)	Pièce	1,200
				non couverte.	idem	500
			à quatre places ou plus.	entièrement ou à demi-cou (vertes à capote fixe ou mobile)	idem	2,000
				non couvertes.	idem	800
		Vélocipèdes..................			Kilogr.	1 20
	Voitures..	d'agriculture et de roulage....			idem	0 60
		de voies ferrées (wagons pour transport de denrées et marchandises)..................			idem	0 90
Embarcations (bâtiments de mer).	en état de servir.............				Le tonneau	"
	à dépecer..................				Valeur	"
Agrès et apparaux de navires non dénommés (en métaux, en bois. en peau ou en cuir, en tissus).......						"
Ouvrage en caoutchouc et en gutta-percha.	purs ou mélangés.............				Kilogr.	10
	appliqués sur tissus en pièces ou sur d'autres matières..........				idem	12
	en tissus élastiques.............				idem	17
	Chaussures..................				idem	6
	Vêtements confectionnés..........				idem	12
Feutres......	à doublage..................				idem	3
	pour tapis et pour semelles de chaussures				idem	4
	pour machines et pour pianos.....				idem	30
	autres				idem	4
Chapeaux.....	de feutre ou de laine.	fins......			Pièce	7 50
		communs..			idem	4
		grossiers..			idem	1 50
	de soie.............	fins......			idem	7 50
		ordinaires.			idem	5
Corail taillé, non monté.................					Kilogr.	300
Ouvrages en écume de mer, avec ou sans étuis....					idem	25
Fanons de baleine coupés ou apprêtés...........					idem	1 50
Liége ouvré..	Bouchons..................				idem	3
	Autres.....................				idem	0 60
Instruments et appareils scientifiques.	Instruments d'optique, de calcul, d'observation et de précision...				Valeur	"
	Instruments de chirurgie........				idem	"
	Instruments de chimie pour laboratoire..................				idem	"
Bésicles, lorgnons, loupes, lorgnettes et jumelles de théâtre..................					Kilogr.	25
Tableterie....	d'ivoire et de nacre.	Peignes.............			idem	70
		Billes de billard......				
		Touches de pianos...				
		Porte-cigares et autres objets..............			idem	150
	d'os, de corne, de bois, de caoutchouc durci et d'ivoire ou d'écailles factices.				idem	23

TARIF ACTUEL.		TARIF PROPOSÉ.		OBSERVATIONS.
Unités sur lesquelles portent las droits.	DROITS.	Unités sur lesquelles portent les droits.	DROITS.	
Valeur	15 p. o/o	Pièce	180f	(1) Régime des ouvrages en métaux, en bois, en peau ou en cuir et des articles confectionnés en tissus, suivant l'espèce.
idem	15 p. o/o	idem	75	
idem	15 p. o/o	idem	300	
idem	15 p. o/o	idem	120	
idem	15 p. o/o	100 kilogr. N.	18	
idem	6 p. o/o	100 kilogr. B.	3 60	
idem	6 p. o/o	idem	5 40	
Le tonneau	2f	Le tonneau	2	
Valeur	6 p. o/o	Valeur	6 p. o/o	
idem	6 p. o/o	(1)	(1)	
idem	6 p. o/o	100 kilogr. N.	60	
idem	6 p. o/o	idem	72	
idem	6 p. o/o	idem	102	
idem	6 p. o/o	idem	36	
idem	6 p. o/o	idem	72	
idem	6 p. o/o	idem	18	
idem	6 p. o/o	idem	24	
idem	6 p. o/o	idem	180	
idem	6 p. o/o	idem	24	
idem	10 p. o/o	Pièce	0 75	
idem	8 p. o/o	idem	0 32	
idem	8 p. o/o	idem	0 12	
idem	10 p. o/o	idem	0 75	
idem	6 p. o/o	idem	0 50	
idem	6 p. o/o	Le kilogr. N.	18	
idem	6 p. o/o	idem	1 50	
idem	6 p. o/o	100 kilogr. N.	9	
idem	6 p. o/o	idem	18	
idem	6 p. o/o	idem	3 60	
idem	6 p. o/o	Valeur	6 p. o/o	
idem	6 p. o/o	idem	6 p. o/o	
idem	6 p. o/o	idem	6 p. o/o	
idem	6 p. o/o	Le kilogr. N.	1 50	
idem	6 p. o/o	idem	4 20	
idem	6 p. o/o	idem	9	
idem	6 p. o/o	idem	1 38	

DÉSIGNATION DET MARCHANDISES.				UNITÉS.	TAUX MOYEN d'évaluation.
Eventails ou écrans à main.	en ivoire, en nacre ou en écaille..			Kilogr.	150
	autres............................			idem	50
Brosserie....	commune montée sur bois.	garnie de fibres végétales ou de fibres de baleine............		idem	4 50
		garnie de poils ou de crins...............		idem	9
	fine, montée sur os, sur ivoire ou sur métaux.................			idem	15
Boutons.......	de porcelaine, de jais, de verre sans cercle.....................			idem	3
	à trous (pour pantalons), de métal, alliage en os, de papier mâché ou de fonte....................			idem	6
	de verre cerclé, de corne moulée, de bois, en métal doré, argenté, etc., recouverts d'étoffe ou autres.			idem	18
	de nacre, d'ivoire ou de coquillages.			idem	40
Bimbeloterie.......................				idem	7
Allumettes.........................				(1)	2
Cheveux ouvrés.....................				Kilogr.	70
Modes (ouvrages de)................				Valeur	"
Fleurs artificielles.................				idem	"
Parapluies et parasols....	en coton.............			Pièce.	3
	en alpaga............			idem	6
	en soie.............			idem	15
Produits composés de matières ou substances diversement taxées, non spécialement tarifés dans cet état....................				Valeur	"
Objets de collection hors de commerce.........				Kilogr.	"

Indépendamment des exemptions et prohibitions spécifiées au projet ci-dessus, continueront à jouir de la franchise ou à être prohibés les objets suivants :

EXEMPTIONS.

Habillements et effets militaires pour les troupes; approvisionnements de matériel et de vivres destinés au service des bâtiments de l'État (arrêté du 22 août 1864, article 6); comestibles conservés dans la glace; matériaux et ustensiles nécessaires à la construction, à l'entretien et au service des glacières, y compris le mobilier personnel de l'entrepreneur (arrêté du 3 juin 1859); (ornements d'église et objets destinés au culte, importés pour le compte des fabriques des communes) trousseaux des élèves envoyés dans la colonie; effets à usage; objets mobiliers, outils ou instruments d'arts libéraux ou mécaniques importés par des français rentrant dans la colonie, ou par des étrangers qui viennent s'y établir; instruments, câbles, fils et autres matières nécessaires au

TARIF ACTUEL.		TARIF PROPOSÉ.		OBSERVATIONS.
Unités sur lesquelles portent les droits.	DROITS.	Unités sur lesquelles portent les droits.	DROITS.	
Valeur.	6 p. o/o	Le kilogr. N.	9	
idem	6 p. o/o	idem	3	
idem	6 p. o/o	idem	0 27	
idem	6 p. o/o	idem	0 54	
idem	6 p. o/o	idem	0 90	
idem	6 p. o/o	idem	0 18	
idem	6 p. o/o	idem	0 36	
idem	6 p. o/o	idem	1 08	
idem	6 p. o/o	idem	2 40	
idem	6 p. o/o	idem	0 42	
La grosse.	1	La grosse.	1	(1) La grosse de 144 boîtes de 50 allumettes.
Valeur.	6 p. o/o	Le kilogr. N.	4 20	(2) Droit de la partie du mélange la plus fortement taxée.
idem	12 p. o/o	Valeur.	12 p. o/o	
idem	6 p. o/o	idem	6 p. o/o	
idem	6 p. o/o	Pièce.	0 18	
idem	6 p. o/o	idem	0 36	
idem	10 p. o/o	idem	1 50	
idem	6 p. o/o	(2)	(2)	
idem	6 p. o/o	100 kilogr. B.	Exempts.	

service ou à la construction des lignes télégraphiques sous-marines et terrestres, ainsi qu'aux bureaux établis ou à établir dans la colonie par la compagnie *West India and Panama Telegraph* (traité du 1er juillet 1871.)

PROHIBITIONS.

Bœufs du Sénégal (arrêté du 26 décembre 1872).

Basse-Terre. — Imprimerie du Gouvernement.